- Théâtre -

Ciel

Marie-Line Laplante

- Editions Lansman -

Les personnages :

- Rave
- Caire
- Bilo
- Laval
- Perrin

Le décor et le fond sonore :

Les éclairages prendront une grande importance pour créer
un effet de "nuit lunaire" et donner aux corps des naufragés
une teinte bleutée sur fond violacé. Pour ce qui est du ciel,
on peut l'interpréter à sa guise : ciel médiéval, ciel absent,
ciel patenté ou ciel filmé... Dès le début de la pièce, bien
avant les premières répliques, un son confus - une sorte de
souffle rauque - se fera entendre. Ce souffle persistera tout
le long de la pièce. Il prendra toute son ampleur durant les
temps de "silence" que prévoit le texte.

La pièce *Ciel*, reprise aux répertoires du Centre des Auteurs
Dramatiques (CEAD) et de Théâtrales/l'association, a été mise
pour la première fois en espace au festival "*Mousson d'Eté 96*"
à Pont-à-Mousson (France).
La présente publication coïncide avec sa mise en lecture à Paris
en mars 97 sous la direction de Philippe Fretun et Michel
Didym, dans le cadre de l'opération "Passerelles" organisée
conjointement par Théâtrales/l'association et le Théâtre du
Rond-Point des Champs-Elysées/Compagnie Marcel Maréchal.

Lentement, une lumière blafarde, faisant référence à une nuit de pleine lune, monte sur cinq personnages entassés sur une sorte de grande table renversée.

Caire se tient assis sur les talons à l'avant-plan. Il ne bougera pas de son coin. Perrin ferme l'horizon, assis sur le rebord élevé de la table. Entre Bilo et Rave, le corps de Laval, allongé. Rave est debout, observant Laval, tandis que Bilo est assis, coincé entre le rebord de la table et Laval. Effet d'entassement des corps.

Rave *(guettant Bilo)* : Eh ! Tu as assez tété maintenant, le Bil. Passe au vieux pour qu'il refasse le plein. C'est à mon tour. Crache le bouchon ! Crache et passe au vieux. Verse, le Caire, verse à ras bords, ne te gêne pas !

(Caire verse minutieusement l'alcool dans le bouchon, les yeux rivés sur la flasque, sous le regard attentif des autres. Sauf de Laval qui semble à peine conscient)

Bilo : Boire dans un dé à coudre. On doit ressembler à des veaux qui tètent un bout de mamelle. Ça, c'est sûr, vu d'en haut, on doit ressembler à des veaux. Ça fait pitié à voir.

Caire : C'est au tour de Perrin.

(Caire passe lentement le bouchon à Rave, qui le prend à deux mains et le passe ensuite à Perrin avec précaution, le regard plein de convoitise)

Bilo : Quand même, le Caire, tu triches. Nous avons droit chacun à une portion au coucher du soleil... et il y a longtemps qu'il est couché, le soleil.

Caire : Tant mieux, l'aube arrivera plus vite pour la prochaine lampée.

Bilo : L'aube est au bout du monde et nous, nous sommes au commencement. Moi, je dis qu'il faut prendre les choses quand elles passent, sans calculer. Peut-être qu'un bateau, en ce moment même, s'approche de nous pendant que nous nous privons inutilement. Il serait plus sage et plus joyeux de tout boire.

Caire : Et s'il n'y a pas de bateau qui s'approche de nous ?

Bilo : Raison de plus pour nous en mettre plein la gueule avant de crever. Parce qu'il faudra bien se décider à crever, tôt ou tard, il faudra bien se décider.

Rave *(qui n'a pas quitté Perrin des yeux)* : C'est au tour de Laval.

(Il repasse le bouchon à Caire, qui le remplit à nouveau)

Bilo *(approchant son visage de celui de Rave)* : Laval ! Il est mourant, ton Laval.

Rave : Pousse-toi un peu. *(Se saisissant du bouchon)* Bois, Laval, bois. Nous sommes perdus et il fait noir. Tellement noir que nous sommes tombés dans un trou, c'est sûr.

Caire : Un trou ?

Rave : Un trou. Comme ça, sur l'eau, nous croyons échapper à la noyade et nous tombons dans un trou. Un trou quelconque, un trou comme il y en a un peu partout dans le monde... Un trou de nuit, sans doute.

Caire : Un trou de nuit ? Et tu crois qu'il y en a beaucoup ?

Rave : Je le crois. Il fait noir, c'est déjà un indice. Et l'eau sent le fumier.

Bilo : Arrête de brailler. Encore bien beau que nous soyons vivants !

Rave : Si j'étais mort, je ne pourrais pas brailler. Saleté d'eau. Noire comme des ailes de corbeau. Du fumier en dessous, c'est sûr.

Bilo : Tu as fini de te plaindre ? Garde tes forces et tais-toi ! La mer peut se remettre à fouetter.

Rave : Mais qu'est-ce qu'on fait ici ? Hier aussi, c'était la nuit. ... Caire, qu'est-ce que tu en penses ?

Caire : Quoi ?

Rave : De la nuit. C'est la nuit depuis trois jours.

Caire : Tu divagues, le Rave.

Rave : Oui, je divague. C'est à cause du noir partout.

Caire : Compte-toi chanceux qu'il y ait des étoiles. Elles éclairent suffisamment pour distinguer ton corps du mien. Cela suffit.

Rave : De la lumière mais pas de chaleur... J'ai froid.

Bilo : Tais-toi !

Rave : Tu n'as pas d'ordre à me donner. Il n'y a pas de maître à bord. Le maître, c'est cette table de cantine qui nous mène et nous tient. Ce sont là nos seuls maîtres, le grand : tout ce qui nous maintient à la surface. Alors, ton silence n'est pas plus important que mes paroles.

Bilo : L'eau s'agite un peu. Pourvu que la table tienne...

Caire : Faudrait lui attacher les pattes.

Bilo : Donnez vos ceintures, ça va servir de cordes.

(Ils retirent leurs ceintures. Leurs gestes sont gênés par l'étroitesse des lieux. Bilo se penche sur Laval, inerte, et lui retire difficilement sa ceinture)

Bilo : Toi aussi, pied-bot.

Rave : Je n'en ai pas.

Bilo : Donne ta chemise.

Rave : J'ai froid.

Bilo : Tu as une camisole en dessous. Choisis : le fond ou le froid ?

Rave : Je garde la camisole, je donne ma chemise.

(Silence pendant que Bilo, passant par-dessus les autres, attache la table)

Caire : Et Laval, comment va-t-il ?

Bilo : Moi, je dis qu'il est bon pour la flotte.

Caire : Il respire ?

Bilo : Un peu.

Rave : Ça suffit pour vivre.

Caire : Il n'en a plus pour longtemps.

Bilo : C'est idiot de le garder alors que nous sommes déjà trop nombreux sur ce bout de bois.

Caire : Tu ne veux quand même pas balancer Laval ?!

Bilo : Je ne le ferai pas, pas plus que toi, le Caire, mais je le pense. Et tu sais pourquoi, le Caire, je le pense ? Parce que je le dis, voilà pourquoi je le pense.

Laval : J'ai mal.

Rave : Il tremble... Il a froid. Nous sommes ridicules avec nos ceintures et nos guenilles à vouloir retenir ce qui de toute façon veut fendre. Je reprends ma chemise.

Caire : Peut-être as-tu raison, nous sommes ridicules, mais ce n'est pas une raison suffisante pour ne pas essayer.

Rave : Qu'est-ce qu'il te faut de plus ?

Caire : Une raison qui nous empêcherait d'essayer.

Rave *(détachant les ceintures tout en enlevant sa chemise)* : Je vais t'en donner une, le Caire. Laval a froid et je vais détacher ma chemise de là... regarde... et je vais recouvrir le corps de Laval.

Bilo : Réchauffer un moribond en menaçant les autres de mort. Tu es vraiment ridicule, Rave, vraiment !

Rave : Parce que tu te crois plus vivant que Laval ?

Bilo : Oh ! Tu ne vas pas m'en apprendre là-dessus. Je sais très bien distinguer ce qui est vivant de ce qui ne l'est pas. J'ai eu un père et une mère moi aussi, et ils ont su se tresser à même ma chair de telle manière que je reste debout sous les coups. Debout : voilà ce que c'est, être vivant. Un morceau de mère, un morceau de père, et ainsi de suite, tressés finement... et nous voilà debout, sous les coups. Ils ont su faire ce qui doit être ; et ce qui doit être doit être debout. Là, sous les étoiles, nous sommes cela, un morceau debout. Pas Laval. Laval, lui, est couché, trempé de froid comme une ligne d'horizon. *(Se collant le visage sur celui de Rave)* Et c'est quoi l'horizon, le Rave ? Je vais te le dire : rien du tout. Là où se rejoignent du ciel et de la terre, il y a l'horizon, une petite ligne vide et jaunasse qui s'amincit au fur et à mesure que le ciel gélatineux se colle à la motte de terre galeuse. Laval respire, oui, il respire, mais couché. Peux-tu seulement comprendra ça avec ton pied bot ? Quand on a un bout de chair tordu comme toi, il y a des choses qu'on ne peut pas comprendre.

Caire *(avec un regard d'aveugle)* : Je vois Bilo, je vois ce que tu veux dire. Il me semble avoir déjà pensé ainsi. Mais maintenant, plus je m'approche de la mort, plus je vois combien, à même la lumière la plus grise, à même le grouillement humain, il y a de quoi s'émouvoir. Oui, le grand, le plus petit clapotis, le plus minable des bras tendus, le luisant des arbres, tout cela m'attendrit... Non, ce n'est pas ça. Tout cela m'étreint.

Bilo : Je ne comprends pas ce que tu dis, je n'ai pas ton âge. Moi, je dis que ce n'est pas la peine de s'efforcer de comprendre un vieux si on ne l'est pas soi-même, ou un bot si on n'a pas soi-même le pied raté.

Rave : Alors je comprends des choses que tu ne peux pas comprendre.

Bilo : Tais-toi !

Rave : Fumier ! Tu es du fumier vivant. Ha ! Du fumier debout. Qui sait ? C'est peut-être toi qui a fait perdre la tête à Maro pour qu'il nous embarque sans se soucier de la tempête qui s'annonçait ?

Bilo : Ce n'était pas certain, cette tempête. Le ciel s'assombrit souvent par habitude. On ne pouvait pas savoir. Et puis, moi, j'obéis aux ordres, c'est Maro qui commandait.

Rave : Fumier !

Laval *(ouvrant la bouche sans que rien n'en sorte, qu'un mouvement mécanique. Puis d'une voix d'outre-tombe)* : Bilo a raison.

Rave : Quoi !?

Laval : Bilo a raison. Je suis un poids de trop.

Rave *(se penchant sur Laval, presque au-dessus de lui)* : Non, jamais, Laval ! Tant que tu respires, tant que ta bouche forme le mot, je n'admettrai jamais, je n'admettrai rien, je m'élèverai contre toi, j'abuserai de ta faiblesse pour te maintenir en vie.

Laval : C'est ma faute.

Rave : Faut-il un coupable ? ... Tu ne dis rien, Perrin ? Faut-il un coupable ?

Perrin : Il y a un coupable, c'est certain. Mais ça ne sert plus à grand-chose de le connaître. Nous sommes où nous sommes, et c'est de cela dont il faut parler, de rien d'autre.

Laval : Je devrais être au fond de l'eau, auprès de Maro. Ma place n'est pas ici.

Caire : Tu as peur que l'on te condamne, le second. Si tu es coupable, ce n'est pas à toi de le dire mais à nous, à nous seuls. Il n'y a que les autres qui peuvent te juger coupable...

Rave : ...ou innocent.

Caire : On ne juge pas l'innocence, mon Rave.

Bilo : Perrin a raison. C'est l'instant qui compte. Et si ce n'était cette sale morale incrustée au plus creux de soi, je vous balancerais Laval du revers du pied.

Rave : Tu n'en feras rien. ... Tu as froid, Laval ? Que dis-tu ? ... Il a froid.

Laval : Je n'ai pas la force de me jeter à la mer. Fais-le, Bilo. C'est ma faute.

Caire : Arrête, Laval ! Garde ta dignité. Et si ce n'était pas toi, le coupable ? Tu t'empresses bien vite de te déclarer coupable parce que déjà mourant. Tu nous fais l'économie de comprendre par nous-mêmes.

Bilo : Quelle importance ! S'il dit qu'il est coupable, il l'est. C'est toujours rassurant, avant de mourir de connaître sa faute. Ce n'est pas donné à tout le monde. Toi, le vieux, tu n'auras peut-être jamais cette chance. Si proche de la mort et ne pas connaître sa faute... C'est pas de chance.

Caire : Du peu qu'il me reste à vivre, je ne croyais pas voir tant de morts. Et des enfants avec ça ! Des petits corps qui se débattaient à la surface de l'eau en reniflant comme des chiots. Je n'aurais jamais dû prendre le traversier à la saison des patates. Je n'en ai pas sauvé un seul, pas un seul. Et mon ami Maro, le plus grand de mes amis, est-il vivant ? Il ne pourrait pas vivre, je le connais, il ne pourrait pas vivre en sachant qu'il a conduit à la mort tous ces enfants.

Rave : La nuit, toujours la nuit...

Caire : As-tu peur de la nuit, Rave ?

Bilo : Faut pas t'occuper d'en haut. Faut pas regarder, le bot. C'est à cause de ton pied raté : tu ne dois pas te sentir assez rattaché au monde d'ici. Si tu as trop peur de glisser dans le vide, tu n'as qu'à te mettre à quatre pattes. Ce n'est pas debout, mais ce n'est pas couché. Ne regarde pas, que je te dis ; fixe la table, regarde-nous et arrête de jeter comme ça des regards furtifs en haut. Moi, je dis que ça ne nous regarde pas, ce qui se passe en haut. *(Il se déplace péniblement par manque d'espace, les membres engourdis)* Regarde, je peux agiter l'eau, tu vois, mon doigt bouge et l'eau bouge. Mais j'ai beau agiter le doigt dans les airs, les étoiles ne bougent pas, le noir ne tourne pas. Faut pas s'occuper de ces choses-là.

Laval : Moi, je ne vois que ça, des étoiles. Toute ma vie, je les ai fixées pour piloter des bateaux.

Perrin : Alors, le second, avant de mourir, tu vas nous sortir de cette mélasse. Il n'y a que toi qui lis les étoiles comme des chemins. Où sommes-nous, maintenant ?

Laval : Nous n'avons pas de voile ni de rame, à quoi nous serviraient les chemins ? Cette nuit, les étoiles sont comme pour vous, un fouillis insensé.

Perrin : Tu dois nous aider. Dis-nous si nous sommes loin de la côte, si nous sommes dans le tracé d'un navire, si le jour nous sauvera ?

Laval : Je n'en sais rien.

Perrin : Tu le sais.

Laval : Oui, nous sommes dans le tracé d'un navire, mais pour combien de temps ?

Rave : Dans le tracé noir d'un navire ! A quoi bon ! Un navire grand comme une île peut nous passer dessus en croyant passer sur un banc de poissons. Mieux vaudrait n'être dans aucun chemin.

Caire : Sont-ils tous morts ? Combien étaient-ils, le second ? Vingt ? Quarante ? Tu ne sais pas ? Sans doute quarante... peut-être plus. Peut-être des milliers ? Il y avait les quatre fils de Bazil, la grande fille de Jarret et sa petite soeur aussi. Et les enfants de Bouille, et les enfants de Coppe et de Lappe, oui, aussi de Lappe. Ça fait déjà une douzaine, ça !?

Perrin : Il y avait aussi les deux aînés de Marle et la fille de Côle.

Caire : Oui, c'est vrai, la fille de Côle et les deux aînés de Marle. Et les petits-fils de Môle ? N'y avait-il pas les petits-fils de Môle ? Et Louppe, Louppe qui attendait l'arrivée de ses trois plus jeunes ? Il attendra longtemps, Louppe. Pauvre Louppe.

Laval : C'est de ma faute. Tout ça, c'est de ma faute.

Bilo : Tais-toi, on ne veut pas savoir. Tais-toi, le couché ! Tu as mal secondé Maro, voilà tout. Tais-toi, maintenant. Applique-toi à respirer puisque, pour certains, c'est la preuve que tu es vivant. Mais tais-toi !

Rave : Tu n'as pas à lui parler comme ça. Tu ne sais pas ce que l'on ressent quand on a perdu quelqu'un qui nous est cher. Le petit dernier de Louppe, c'était comme son propre fils. Il embarquait souvent sur le traversier pour gagner des sous. On l'appelait Loup, le petit Loup de Louppe. Souvent Laval lui donnait un peu de sa soupe, à petit Loup. C'est qu'il avait faim. Une faim de loup qu'on disait. Encore la veille, il était tout énervé parce qu'il allait voir les tiens. Pauvre petit Loup, tout content, même si c'était pour aller faire la cueillette des patates. Un sale job d'enfants. Je ne pense pas que, sur la côte, on ait le goût de manger de ces sales patates avant longtemps. Pauvre petit Loup.

Bilo : Il n'avait qu'à ne pas s'attacher comme ça à un petit. Je ne lui ai jamais donné de soupe, moi, à son petit loup. Quand il jouait à l'enfant qui a faim, je détournais la tête.

Laval : C'est ma faute.

(Bilo se déplace avec difficulté, prend la peine de bien viser et donne un coup de pied du mieux qu'il peut dans les côtes de Laval)

Rave : Eh, le grand ! Flanque un autre coup de pied à Laval et tu as mon sabot sur la gueule.

Laval : J'ai convaincu Maro de partir malgré l'annonce d'une tempête. Le temps était violet ; ça ne trompe pas, un temps violet. Maro hésitait avec raison.

Caire : Comment as-tu pu convaincre Maro d'une pareille folie ?

Laval : J'avais l'argument.

Bilo : On ne veut pas savoir !

Laval : Arrange-toi pour que le prochain coup me jette à l'eau.

Bilo : Tais-toi ! *(Petit coup de pied)*

Caire : Quel argument ?

Laval : Il a eu pitié de moi. La pitié, voilà par quoi on crève : par la pitié. Il a eu pitié de moi, le Caire. Tu sais, quand nos mères avec le marteau attendrissent la viande... Attendri ; il a été attendri et nous nous sommes embarqués.

Rave : Tu te fatigues, Laval. Je ne veux pas connaître le fond de cette sale histoire. Ne raconte pas.

Caire : Rave, nous n'avons pas le droit de ne pas entendre. Il faut laisser aller les choses et leur histoire.

Laval : C'est facile, attendrir : tu n'as qu'à raconter ton enfance. Pour le convaincre de partir, je n'ai eu qu'à raconter mon enfance.

Bilo : Il divague.

Caire : C'est possible, mais cela enlève-t-il de la valeur à ce qu'il dit ?

Rave : Tu te sens responsable de tout, Laval. Ça a toujours été comme ça avec toi. Quand on se croit responsable, il y a toujours moyen de rattacher les événements pour se prouver qu'on est responsable. C'est la partie magique de ce monde. Toute chose peut être rattachée à une autre. Ça doit être de cette façon que l'univers se tient. Plus j'y pense... *(regardant le ciel, la tête complètement renversée)* Tant de miettes ! Regarde ce ciel... tant de miettes... Comment ça fait pour tenir ensemble ? On peut les enfiler dans l'ordre que l'on veut, ça marche à tout coup. C'est magique !

Bilo : Un pied bot, ça affecte le cerveau plus qu'on ne pourrait le croire. Et depuis quand que l'univers se tient ? C'est magique ! Magique ! ... Sur ce radeau, j'en aurai entendu de bonnes. Magique ! ... Un univers qui se tient ! Je pourrai dire que j'aurai ri avant de crever.

(Rave saute sur Bilo. En fait, il tombe mollement de tout son poids sur lui)

Caire *(cherchant Bilo et Rave du regard, la tête à peine tournée, comme si son cou était ankylosé)* : Rave ! Rave ! Allons, pas de chicane ! Bilo ! Mais arrêtez ! Vous allez nous faire chavirer. Assez ! Calmez-vous, maintenant. Qu'est-ce qui t'as pris, Rave ?

Rave : C'est à cause de la nuit, depuis bientôt quatre jours.

Bilo : Tu disais trois jours il y a un instant.

Rave : Tu ne vois donc pas le temps passer ?

Caire : Tu sais bien que c'est nous qui passons.

Laval : Je lui ai raconté mon histoire, il a été attendri et nous nous sommes embarqués. Pourtant, la veille, j'avais parfaitement lu le ciel, on ne pouvait pas se tromper.

Bilo : Mais tais-toi donc ! *(Petit coup de pied)*

Laval : Non, on ne pouvait pas se tromper ; la veille, j'ai dit à Maro qu'une tempête se préparait, mais je lui ai aussi raconté mon histoire. Je l'ai étalé d'un seul coup, comme on abat des cartes... D'un seul coup.

Bilo : Tais-toi ! *(Petit coup de pied)*

Laval : Ma mère m'attachait le soir... Je bougeais trop. C'est vrai que je bougeais trop... Je n'étais pas facile. Un sale enfant, toujours en train de tirer, de sauter, d'attraper. Elle m'attachait et mon père, la nuit, prenait la couchette et la plaçait dehors à la belle étoile, hiver comme été. J'en ai vu des ciels étoilés.

Bilo : Tais-toi ! *(Petit coup de pied)*

Laval : Quand je pleurais, le ciel s'embrouillait ; quand j'étais sec, il s'éclaircissait. Alors, je pleurais et j'arrêtais en alternance. J'embrouillais, j'éclaircissais.

Bilo : Tais-toi ! *(Petit coup de pied)*

Laval : Puis, j'ai pris parti pour les ciels éclaircis... Quand il m'arrivait de pleurer, je regardais le sol. Cela me semblait d'autant plus justifié que les larmes ont l'habitude de tomber. Alors, j'ai découpé la "chose" en deux.

Rave : Tais-toi, Laval, tu te fatigues... Là, dans mes bras... Tais-toi, Laval. *(Il soulève la tête de Laval puis l'embrasse)*

Bilo : Oh ! On l'aime, son Laval ! Regardez-le l'embrasser pour le faire taire.

Caire : Allons, Rave, laisse-le parler. Je veux comprendre ce que nous faisons ici.

Laval *(toujours la tête soulevée par Rave)* : Ne remets plus ta bouche sur la mienne. Ecoute, Rave, écoute plutôt comment je me suis dépêtré de mon enfance. Je ne sais pas si le mot "chose" convient, je n'ai pas d'autre mot dans la bouche que le mot "chose". J'ai donc découpé la chose en deux : par en bas, les larmes brouillées ; par en haut, le regard clair. Etrange, non ? ... N'est-ce pas, Rave, que c'est étrange ?

Bilo : Faites-le taire.

Laval : Etrange qu'à l'instant où j'ai divisé la chose en deux, ça a été un soulagement... comme...

Perrin : Tu as la force de parler ; alors lis, le second ; lis les étoiles. Où sommes-nous, maintenant ?

Laval : Mais ici, Perrin, nous sommes ici.

Perrin : Tu veux tous nous entraîner au fond avec toi, c'est ça, le second ?

Laval : Cette nuit... il faut le dire... c'est la plus terrible. Lève la tête, Rave, regarde, regarde comme c'est effroyable, du noir avec des étoiles dedans. *(Il prend la tête de Rave entre ses deux mains et le force à regarder vers le haut)* Alors, tu sais quoi ? ... Mais regarde, Rave, *(maintenant de force la tête de Rave)* regarde bien haut, ne regarde que ça. Et alors ? Tu vois ! C'est ça, exactement, n'est-ce pas ? C'est épouvantable ! Qu'est-ce que tu crois que l'humain a fait devant un tel ciel ? *(Il rit)* Il a tremblé et pissé dans sa culotte. Et il a prié, mon Rave. Il s'est empressé de barbouiller le ciel de prières ? Comme ça, l'haleine du ciel était la même que la sienne. Tu comprends ? Intolérable ! Tu entends, Perrin ? Je n'ai jamais tant dit vrai qu'aujourd'hui lorsque je dis que nous sommes ici.

Bilo : C'est de ça qu'on a l'air quand on est mourant ?! Couché sur le dos, incapable de bouger sauf la gueule et le souffle. Et c'est ça qui risque de m'arriver quand mon heure sera venue ?! Au lieu de me taire, quitte à branler tout le reste, je vais dégueuler des mots comme Laval. Est-ce possible ! Faut pas que ce monde ait de pitié pour nous faire mourir comme ça. Moi, je te le dis, le Caire, il n'y a qu'une chose, qu'une seule chose que l'homme a créée... une chose qui n'existait pas avant lui ni après, c'est sûr... ça s'appelle la pitié. On n'a vraiment copié personne pour cette idée, vraiment pas ; on l'a créée.

Caire : Mais quelle raison avais-tu, Laval, de vouloir partir à tout prix ?

Laval : Il a braillé, que je te dis. J'ai mis toute mon enfance sur la table et il a braillé. Je dois partir, que je lui ai dit ; je dois m'embarquer parce que je me suis battu et que j'ai tué un gars. Il m'a demandé si j'en étais sûr. Je lui ai dit que non, mais que j'avais tout pour tuer. Et c'est à ce moment-là que je lui ai étalé d'un seul coup mon enfance. J'avais tout pour tuer ; il y a des chances que le gars soit mort. Je ne me suis pas retourné. En dedans... C'est en dedans que l'on sait ces choses-là.

Caire : Tu as tué un homme !

Laval : Je ne le sais pas plus cette nuit que l'autre nuit. Il fallait que je m'embarque. Je ne me suis pas retourné pour voir, mais j'ai senti en dedans que j'avais tout pour tuer. De grandes chances qu'il soit mort, c'est ce que je me suis dit... et c'est ce que j'ai dit à Maro. Juste à regarder mon enfance, il y a de grandes chances qu'il soit mort.

Caire : Une bagarre ?

Laval : Une sale histoire comme on sait en mettre un peu partout sur son chemin.

Caire : Tu as tué ! Moi, je me suis toujours dit : pourvu que je tienne le coup. Voilà ce que je me suis dit déjà tout jeune. Et maintenant, je suis entouré de petits cadavres... Je ne suis pas tranquille. Je me dis : tant que je vis, il y a danger de tuer. Pas tranquille... non.

Bilo : C'est bien ça le malheur. Trop tranquille après une tempête. A peine un clapotis. Mais ce n'est pas une raison pour ne rien faire. Donnez-moi vos chemises. Elles sont sales mais assez blanches pour capter un peu de lumière.

Rave : Qu'est-ce qu'il raconte ?

Bilo : Mais oui, mon Rave. Toi qui crains la nuit, je vais te fabriquer de la lumière. Allez, donnez ! Nous allons les étendre pour en faire un grand drap. Tasse-toi, le couché ! Caire, attache les extrémités. Rave... qu'est-ce que tu attends ?

Rave : J'ai donné ma chemise.

Bilo : Reprends-la.

Rave : Non.

Laval : Reprends-la, Rave. Tiens !

Bilo : Regardez-moi ces bras de cadavre qui nous tendent une chemise. Ça va nous porter malheur de transporter un demi-mort avec nous. Il ne faut pas le laisser nous la donner, il faut la prendre soi-même.

Caire : Qu'est-ce que tu racontes, le grand ?

Bilo : Je raconte que ça porte malheur de se faire aider par les bras d'un cadavre. Remets la chemise, Laval. Remets !

Rave : Oui, garde-la, Laval. Tu es glacé.

Bilo : Maintenant, Rave, prends-la.

Rave : Non, tu ne touches plus à Laval.

Laval : Prends-la, Rave. Il va fabriquer une voile avec.

Rave : Non.

Bilo : Alors, je vais le faire.

Rave : Non.

Laval : Prends-la, Rave, c'est pour s'en sortir. Pour moi, c'est fini.

Bilo : Ne tends pas tes bras de cadavre, Laval.

Perrin : Qui t'a dit que ça portait malheur ?

Bilo : Mais tout le monde sait ça ! Un vivant peut mourir, il peut aller vers les morts... mais les morts ne peuvent pas aller vers nous, ils peuvent juste nous tirer vers eux. Avec leurs grands bras, ils nous indiquent le chemin pour s'y rendre.

Perrin : Je ne suis pas sûr.

Bilo : Nous n'avons pas le choix, il faut mettre toutes les chances de son côté.

Perrin : C'est vrai.

Caire : Oui, toutes les chances.

Bilo : Alors, Rave, tu la lui enlèves ou je m'en occupe ? *(Rave s'exécute)* Bon. Attache ici.

Rave *(à Caire)* : Tu crois que ça va marcher ?

Caire : Non. Mais il faut mettre toutes les chances de son côté.

Rave : Si on soufflait...

Perrin : Moi, je pense qu'elles sont trop sales. Ça ne pourra pas marcher.

Caire : C'est vrai ; tout ça, c'est une sale histoire.

Rave : Et si nous frappions des mains. Peut-être que le ciel finirait par se fendre.

Bilo : Tu crois ?

Rave : Oui, comme les soldats en marche fendent les ponts.

Caire : Pas certain ; le fond du ciel est peut-être trop haut.

Bilo : Et puis s'il se déchire, on ne sait pas ce qui va nous tomber dessus.

Laval : Vous avez vu ?

Caire : Quoi ?

Laval : L'étoile filante.

Bilo : Tu n'as pas fait de voeux, j'espère ? Il ne manquerait plus que ça : un mourant qui espère... Ça va nous perdre.

Perrin : En haut, ça file ; ici, rien.

Caire : Un bon coup de météorite ! ... Oui, nous pourrions espérer qu'un météorite tombe dans la mer, loin de nous, mais assez proche pour provoquer de bonnes vagues qui nous pousseraient jusqu'au rivage. Qu'est-ce que tu en penses, le second ? C'est quoi nos chances ?

Laval : ... J'aurais dû me retourner. J'aurais dû vérifier s'il était mort. Peut-être que non. Alors, je n'aurais pas obligé Maro à traverser ; il n'y aurait pas tous ces petits cadavres sur l'eau et je serais presque heureux.

Bilo : Les regrets, maintenant ! Ça se gargarise avec des regrets ; ça se nettoie la bouche sous nos yeux ! *(Il* *crache sur Laval)* Tu crois vraiment aux météorites, le Caire ? Je te pensais plus instruit. Moi, j'ai vite compris que c'est toujours les mêmes cailloux qui tombent ; sinon, le ciel finirait par être vide à force de s'écrouler. Tout ça, c'est du trucage !

Rave : Un trucage ! Alors tu crois au magicien ?!

Bilo : Qui t'a parlé de magicien ? S'il y avait un magicien, il aurait fini par se montrer. Un magicien ?! Pauvre pied-bot ! C'est justement le tour de force, le trucage parfait, le trucage sans magicien. Ça, avoue que c'est fort, non ? Juste un trucage !

Caire : Alors la terre ne tourne pas ; c'est juste un trucage ! Voyons, Bilo, tout le monde sait qu'elle tourne. Si elle ne tournait pas, nous tomberions ; la terre se viderait de ses eaux ; les animaux tomberaient comme des grains de poivre. Et le sable... ! Le sable lui-même s'échapperait dans une longue traînée molle. Il faut que la terre tourne... et elle tourne, mon Bilo, crois-moi, elle tourne !

Bilo : Tu la sens tourner, toi ?

Caire : Non, mais ce n'est pas une raison pour ne pas y croire.

Bilo : Tu as raison de croire qu'elle tourne. Nous ne pouvons croire que ce que nous ne savons pas. Parce que si tu savais, tu n'aurais plus besoin de croire...

Rave : Tu crois que la terre ne tourne pas ?

Bilo : Je CROIS qu'elle tourne mais je SAIS qu'elle ne tourne pas. Ce que nous savons est toujours plus petit que ce que nous croyons... qui est forcément toujours plus grand que ce que nous savons.

Perrin : Répète ça ?

Rave : Il est fou ! Tu le savais, toi, Caire, qu'il était fou ?

Bilo : Arrête de bouger.

Rave : J'ai froid.

Bilo : C'est Laval qui a froid.

Caire : Tout le monde a froid. Tenez-vous tranquilles !

Laval : Je respire encore, Rave ?

Rave : Oui.

Laval : Il me semble que cela fait longtemps que je respire.

Bilo : Mais non, tu ne respires plus... du moins plus beaucoup !

Rave : Bilo !

Bilo : Il veut mourir, il le réclame et nous le lui refusons. Alors que nous pourrions le contenter... tout en ayant une lampée de plus à partager !

Perrin : Ce n'est pas l'heure de la tétée. Qu'à l'aube, le grand, et tu le sais. Contente-toi du présent boueux, comme nous tous.

Bilo : Tu veux me faire la leçon, face d'enterrement ?! Alors, réponds-moi : présentement, est-ce que Laval est vivant ou mort ?

Perrin : Il est presque mort.

Bilo : Elle n'est pas dans ma question, cette réponse. Nous sommes vivants ou nous sommes morts. Faut choisir !

Perrin : Choisir ?! Qu'est-ce que tu racontes, mon gros ? Quand on se tient au présent, on n'a rien à choisir. Laval est mourant.

Bilo : A quoi ça sert, un demi-mort ? Juste assez vivant pour téter de la bouteille mais pas assez mort pour alléger le radeau. Et puis, il exhale une odeur de soufre. Il pourrit sur place avec sa gangrène dans le bras.

Rave : L'odeur de soufre vient des étoiles, c'est connu. Certaines étoiles sont particulièrement denses en soufre.

Parfois, lorsqu'il y a absence de vent comme cette nuit, l'odeur jaune descend doucement sur nous.

Caire : Je n'ai jamais entendu parler de ça. Moi, je crois plutôt que cela vient du grand nombre de cadavres que contient la mer. Maro m'a un jour raconté que des bancs de poissons morts flottant à la surface de l'eau dégageaient une forte odeur de soufre.

Perrin : Si c'est vrai ce que tu dis, les petits noyés ne doivent pas être très loin.

Bilo : Ils sont attirés par l'odeur de Laval. Il n'y a que la chair morte pour dégager une odeur pareille. Une preuve de plus que Laval est mort. Mais penche-toi, le bot, penche-toi et dis-moi si tu sens son haleine, est-ce qu'il en sort seulement une chaleur, une toute petite chaleur pour réchauffer tes doigts ? Il pourrit sur place, il infecte le radeau.

Caire : Il a droit à sa chance, comme nous tous, le Bil.

Bilo : Mais puisqu'il veut mourir... !

Rave : Laval ne sait plus ce qu'il dit. Sa parole est mélangée, mais le battement de son coeur est bien réglé.

Perrin : Tu t'obstines pour rien, le Bil. Encore, si Laval était bon à manger. Mais la gangrène ne me dit rien qui vaille. Même si son bras gauche n'a pas l'air infecté, il paraît que la pourriture s'étend par en dedans avant que nous puissions la voir.

Caire : Perrin ! Es-tu devenu fou ?! Manger Laval ?!

Perrin : Mais non ; j'explique justement qu'il n'est pas bon à manger.

Caire : C'est dangereux ce que tu dis là, Perrin.

Perrin : Puisqu'il ne faut pas le manger !

Caire : Trop tard, c'est dit ! Nous savons ; nous savons tous qu'un autre pense ce que nous pensions sans le dire. Maintenant, nous allons nous méfier les uns des autres. Qui me dit que pendant mon sommeil, l'idée ne te viendra pas - et l'acte avec l'idée - de m'égorger pour te nourrir ? Dis-moi, Perrin, qu'est-ce qui t'empêcherait de le faire ?

Rave : Il ne faut rien comprendre à la vie, le Caire, pour parler comme tu parles. Pourquoi crois-tu que Laval ne doit pas mourir ? Pourquoi crois-tu qu'on excite toujours à vivre celui qui est tenté d'en finir ? Parce que nous sommes tous appuyés les uns contre les autres, de telle manière qu'il suffit qu'un seul d'entre nous tombe pour que nous risquions de tous débouler. Tu comprends, le Caire, nous sommes plus vivants à cinq qu'à quatre et plus vivants à quatre qu'à trois.

Caire : Peut-être as-tu raison. Pourquoi cette crainte que Perrin vienne m'égorger... alors que je suis si fatigué ? Alors que la vie est tout essoufflée en moi, et que déjà ma mauvaise vue me plonge dans la grande nuit ? Pourquoi cette insistance à vivre ? Plus j'y pense, plus je me le demande... Mais on ne peut pas se tromper, je persiste !

Rave *(coinçant Laval)* : Laval ! ... Ah non ! Pendant que nous parlons, il en profite pour ramper. Tu crois que nous allons te laisser partir comme ça, le second ?

Bilo : Tu es certain de ce que tu dis, Perrin ? L'infection peut être dans tout le corps sans que cela ne se voie ?

Perrin : Un naufrage à Sault-au-Morne. Un marin avait la main gangrenée. Les autres lui ont coupé la main et ont mangé le reste. Pas plus tard que le lendemain, ils étaient tous infectés, un au pied, un autre aux doigts. Un seul s'en est tiré... mais pas pour longtemps.

Caire : Tu vois, Perrin ? Cette idée travaille Bilo, maintenant.

Bilo : J'y avais déjà pensé.

Caire : Mais tu n'osais pas en parler. Le dire, c'est le début de l'action. J'ai assez vécu pour avoir bien observé la chose. Tant qu'on ne DIT pas, ce n'EST pas. Il va falloir se surveiller maintenant.

Rave : Tu crois ?

Caire : Chaque nuit nous affaiblit un peu plus. Nos têtes doucement se fêlent. Nous allons peu à peu oublier qui nous sommes, et qui est l'autre.

Bilo : Et alors ?

Caire : Et alors ? Nous nous égorgerons. Perrin ! Tu as toujours ton petit canif sur toi ? Alors, écris ; écris sur une des planches la première loi.

Rave : Quelle première loi ?

Caire : Tu ne mangeras pas ton voisin.

Perrin : Je n'ai pas de forces à dépenser.

Caire : Alors, passe à Rave. Rave, écris : Tu ne mangeras pas ton voisin.

Rave : C'est long.

Caire : Cela en vaut la peine.

Rave : Le bois est tout mouillé. Tasse-toi, le Bil... Tu... ne... man... Mangeras, est-ce que ça s'écrit avec un G ou un J ?

Caire : Je ne sais pas. Tu sais, toi, Perrin ?

Perrin : Il me semble que c'est un J mais je ne suis pas certain. Demande au mourant, c'est le plus instruit.

Bilo : Ça peut s'écrire des deux façons.

Rave : Alors, qu'est-ce que je mets, un G ou un J ?

Caire : Mets les deux, comme ça, ce sera plus sûr.

Laval : J'ai mal. Rave, laisse-moi mourir... comme on laisse vivre.

Bilo : Ce n'est pas la même chose. Nous pouvons laisser mourir, mais nous ne pouvons pas laisser vivre. Pour vivre, il faut constamment tendre sa chair au point de rompre les veines du cou. Mais laisser mourir, oui...

Oui, le second, nous te laisserons mourir ; c'est ton droit.

Caire : Son droit ?! Mais tu marches la tête en bas, le grand ! Ainsi nous avons le droit de mourir ! Mon pauvre Bilo, tu n'y aurais pas droit que cela viendrait quand même. Tu mélanges tout dans le but de te débarrasser de Laval. Tu souhaites en réalité que nous laissions Laval ramper jusqu'au fond de l'eau pour qu'il exerce son droit.

Bilo : N'est-ce pas toi qui disais qu'il faut laisser aller les choses ? Et maintenant, tu veux les forcer ? C'est bien nous, ça ! Nous disons une chose mais nous en faisons une autre. Tu vois, le Caire... tu n'as rien à craindre quand nous disons qu'il est dommage que nous ne puissions pas manger Laval. Tu n'as rien à craindre puisque nous avons l'habitude de dire une chose mais d'en faire une autre.

Caire : Vraiment, le Bil, tu ne changeras jamais. Maro me disait toujours : "Ah Bilo !" Et il levait les mains au ciel. Tu sais pourquoi, le grand, il levait les mains au ciel ? Non ? Moi, je me le suis longtemps demandé. Et aujourd'hui, je sais : il levait les mains au ciel parce qu'il n'y a que le ciel pour recevoir notre étonnement sans broncher.

Rave : Aidez-moi à le retenir. Il risque de recommencer.

Bilo : Si Laval n'est pas capable de se tenir tout seul, c'est la preuve qu'il ne tient plus à vivre.

Rave : Laval veut vivre. Il dit qu'il veut vivre, mais ce ne sont pas les bons mots qui sortent de sa bouche.

Bilo : Et quand il rampe, il ne fait pas les bons mouvements du corps ?

Rave : Ramper pour se noyer, c'est le même mouvement que ramper pour s'abreuver. On ne peut pas savoir.

Bilo : Le monde est sens dessus dessous ! Un bot nous enseigne, un mort supplie qu'on le tue, les étoiles n'indiquent plus rien et un vieux délire sur des lois.

Rave : Tu voudrais commander, hein ? Au fond, tout ce qui t'intéresse c'est de commander. Mais tu me commandes de me taire et je parle encore plus ; tu commandes au vent de souffler et il t'envoie l'odeur du soufre ; tu ordonnes à Laval de mourir et il respire. Alors, tu t'écries : c'est le désordre partout !

Bilo : Je suis le seul à faire des efforts pour nous sortir d'ici.

Rave : Tu n'as pas à nous dire dans quel ordre vont les choses. Tu ne le sais pas plus que nous.

Caire : Pourtant, les choses se tiennent...

Bilo : Pas Laval. Nous réchauffons un mort.

Rave : Aide-moi, le grand. Allez, Laval, lève-toi, ne meurs pas. Montre à cet idiot de Bil que tu peux te tenir. ... Mais aide-moi, le grand. Tiens, prends-le par les bras.

Laval *(longue plainte)* : J'ai mal.

Rave : Attention, sa tête est tombante. Comme ça... voilà. Tu vois, à le tenir, nous suons ; la preuve qu'il nous réchauffe.

Bilo : A la condition de le tenir.

Rave *(oubliant, dans son emportement, de tenir Laval qui s'effondre lentement)* : Il y a toujours quelque chose ou quelqu'un qui nous tient. Qu'est-ce que tu crois, le grand... que la nuit se tient toute seule ? Non, le Bil, non ; la nuit est bel et bien adossée au jour. Et le jour... *(Il oublie complètement Laval)* Et le jour luit juste de l'autre côté. Et nous attendons ; nous attendons qu'enfin il tasse la nuit quand c'est au tour des autres - eux qui se tenaient jusque là dans le jour - de supporter ce que la nuit ose montrer.

Perrin : Ça ne tourne pas rond dans ta tête, le bot. La nuit ne montre rien. Elle cache, elle noircit la vue, c'est bien connu.

Rave : Ça n'a jamais si bien tourné, au contraire. C'est parfaitement clair dans ma tête. Pour y voir si clair, ce ne peut être que la nuit dans ma tête, c'est sûr.

Bilo *(à lui-même)* : Un mourant et un fou. Je ne tiens plus. *(Il lâche à son tour Laval qui s'écroule complètement)* Nous sommes juste cinq, juste cinq personnes. Et sur les cinq, il y a un mourant et un fou. Je me demande si c'est représentatif de l'humanité.

Rave : Je comprends. Pour vous, le jour éclaire des maisons, la rue et les hommes. Le jour allume vos mains et vos têtes de fous... Bien sûr que je comprends ça. Mais le jour éteint le haut. Le jour nous empêche de voir, au-dessus de nos têtes de fous, toutes ces pierres brûlantes qui tournoient par milliards à des milliards de kilomètres de distance. Le jour éteint tout ça, le jour nous épargne la vie. Moi, Rave le bot, j'ai compris ça.

Perrin *(tendant le bras)* : Regardez !

Bilo : Quoi ?

Perrin : Comme des dunes.

Bilo : Les cadavres !

Rave : Ils viennent.

Bilo : Il ne faut pas.

Perrin : Ils viennent par ici.

Bilo : Il ne faut pas. Ils vont nous pousser vers le large.

Perrin : Tu crois ?

Bilo : C'est le vent du large. Je connais. Je le reconnais.

Caire : Ils vont venir se frapper contre le radeau.

Bilo : Il ne faut pas.

Caire : Comme des morceaux de glace.

Perrin : On dirait qu'ils nagent...

Bilo : Mais non, ils sont morts.

Perrin : J'ai vu bouger.

Bilo : Mais non.

Caire : Ils viennent pour monter sur le radeau.

Rave : Ils reviennent ; maintenant, ils reviennent.

Perrin : Ils nagent !

Bilo : Mais non.

Rave : Leurs bras ! Ils ont bougé les bras.

Caire : Tu en es sûr ?

Bilo : Mais non. Ils sont morts.

Rave : Qu'est-ce qu'on en sait ?

Bilo : Ils viennent vers nous.

Caire : Avec leurs doigts glacés.

Perrin : Tu crois ?

Caire : Ils vont s'agripper.

Bilo : On va caler.

Perrin : On va couler.

Rave : Ils s'agrippaient. A chaque fois, j'arrachais la main. Le doigt crocheté dans ma peau... Ils risquaient de m'emporter dans le fond.

Caire : Tais-toi.

Perrin : Oui, taisons-nous.

Bilo : C'est le vent du large.

Caire : Glacés.

Bilo : Oui.

Perrin : Crochetés à nos bras. Pas facile à décoller. Ils s'accrochaient.

Caire : Ils sont morts.

Bilo : Et nous, nous sommes là, encore chauds et vivants.

Rave : Tais-toi !

Bilo : Ils montaient et je frappais du pied. En criant. En criant, je frappais du pied. "Il n'y a plus de place, les chiots !" Des chiots... !

Rave : Tais-toi.

Perrin : Oui, taisons-nous.

Bilo : Remplis de peur. Les doigts tordus par la panique. Comme des chiots, la bouche noire.

Perrin : Tais-toi !

Rave : Ne disons plus rien.

Perrin : Leurs doigts ont bougé !

Bilo : C'est une impression.

Perrin : C'est sûr, ils ont bougé.

Rave : Il faudrait se taire.

Caire : Oui.

Perrin : Il fallait avaler l'eau. Avaler toute l'eau sale d'un seul coup.

Bilo : Sous les ongles. Ça se tient sous les ongles, Caire, sous les ongles. On racle leur peau. On arrache leurs doigts crochetés. Après... les ongles remplis, Caire.

Perrin : Taisons-nous.

Rave : Oui.

Bilo : Ils s'approchent.

Caire : Il faut les éloigner.

Bilo : Ils vont nous entraîner vers le large.

Rave : Regarde, Bilo. Mon souffle. Mon souffle réchauffe mes mains.

Bilo : Repousse-les, Rave, avec ton pied bot.

Perrin : Il fallait avaler toute l'eau sale d'un seul coup.

Rave : Ils bougent des bras.

Bilo : Il faut les éloigner.

Perrin : Leurs bras !

Bilo : Ils sont morts. C'est définitif.

Perrin : Oui, définitif.

Rave : Mais ils ont bougé des bras.

Perrin : Tais-toi.

Caire : Oui. Taisons-nous.

Bilo : Ils sont morts.

Caire : Pas nous.

Perrin : Il faut les éloigner. Ils risquent de nous entraîner vers le large.

Rave : Oui.

Bilo : C'est définitif. Ils sont morts.

Caire : Pas nous.

Bilo : Qu'est-ce que tu veux dire ?

Caire : Juste ça : pas nous.

Bilo : Tais-toi.

Perrin : Il faudra bien se taire.

Caire : Pas nous. Nous persistons.

Rave : Ils s'éloignent !

Bilo : C'est le vent.

Perrin : Non, c'est définitif.

Rave : J'ai vu... leurs bras remuer...

Bilo : Ils sont quand même morts.

Caire : Nous, nous persistons.

Rave *(s'agenouillant)* : Il ne fallait pas cracher l'eau. *(Il regarde ses mains)* Vu d'ici, maintenant, on voit bien qu'il fallait avaler toute l'eau de la bouche...

Bilo : Tais-toi.

Perrin : Ils s'éloignent !

Caire : Oui, il faudrait se taire.

(Un long moment de silence pendant lequel tous guettent l'horizon. Laval rampe péniblement dans un ultime effort pour se jeter à l'eau)

Bilo : Ils s'éloignent.

Caire : Ils s'éloignent et nous, nous persistons.

(Nouveau silence)

Perrin : Laval veut s'échapper.

Rave : Aidez-moi. Allez, le grand, tire-le, tire !

Bilo *(tirant sur la chemise de Laval)* : Je me demande bien pourquoi je t'aide à maintenir Laval en vie.

Caire : Il ne peut y avoir qu'une raison, une sorte de loi qui nous oblige à agir comme nous agissons. Pourquoi je ne me jette pas à l'eau au passage de tous ces petits cadavres ? C'est parce qu'il doit y avoir une loi quelque part, peut-être tout au fond du ciel. ... Oui, tout au fond du ciel, il est dit : tu vivras ; par-dessus tout, tu vivras.

Bilo : Pauvre Caire, tu divagues. Dans le fond du ciel ! Moi, je te le dis, c'est un fond de culotte que nous contemplons, un fond de culotte bien scellé.

Perrin : Bilo a raison. Comment veux-tu que nous vivions par-dessous tout... alors que tôt ou tard, nous mourrons ?

Caire : Attends, attends. Une sorte de loi... oui, une sorte de loi qui nous ordonne de vivre le plus longtemps possible. C'est ça : le plus longtemps possible ! Et Laval, comme nous tous, doit vivre le plus longtemps possible. Ecris, Rave, écris la deuxième loi : tu vivras le plus longtemps possible.

(Rave se met à quatre pattes pour écrire)

Bilo : Ça n'a aucun sens. Il faut vivre le plus longtemps possible... mais il ne faut pas manger son voisin !

Caire : Tu entends, Laval ? Tu dois vivre le plus longtemps possible.

Bilo : Mais oui, mon Laval, debout. *(Il lui flanque un coup de pied du mieux qu'il peut)* Allez, debout le mort. Prends ton corps et marche. *(Il le tire vers le haut)* Debout, mon grand, tu es capable, toi aussi ; tu es capable d'être tendu comme un vivant. Toi aussi, tu mangeras des pommes de terre. Passe-moi les ceintures, Rave. Je vais aider ton Laval à rester vivant le plus longtemps possible. *(Il crache sur Laval)*

Rave : Eh ! Tu craches sur Laval !

(Laval, au crachat de Bilo, se ranime)

Bilo : Tu vois ! Ça le ranime. Je l'aide à se tenir vivant.

Rave : C'est vrai, on dirait que ça le tient réveillé.

(Il crache à son tour sur Laval)

Laval : J'ai mal.

Rave : Serre bien, Bilo ; moi, je vais tenir le haut.

Laval : Mon bras. Mon bras brûle.

Bilo : Cela prouve que tu es vivant.

Rave : Passez-moi les chemises. *(Il enveloppe Laval avec les chemises)*

Caire : Allons, Laval, un peu de courage ! Pense à tous ces petits corps d'enfants qui n'ont pu vivre aussi longtemps qu'ils auraient dû. Cesse de te plaindre et dis "oui".

Bilo : Dis "oui", ou alors reste mort à jamais.

Rave : Dis "oui", Laval.

(Laval se tord de douleur, sa bouche s'ouvre et se ferme, d'abord mécaniquement sans qu'il en sorte un son, puis il émet un faible "oui")

Rave : C'est pour que tu vives, Laval, que tu vives le plus longtemps possible. Toi aussi, tu auras ta ration, mais il faut d'abord dire "oui", il faut dire "oui".

Laval *(douloureusement et de façon répétée)* : Oui. Oui. Oui.

Rave *(serrant Laval dans ses bras)* : C'est beau, mon Laval, c'est beau.

Caire : Il faut mettre toutes les chances de notre côté. Frappons des mains, peut-être que cela provoquera quelque chose, comme ouvrir le ciel... ou quelque chose d'autre qu'on ne connaît pas mais qui peut se produire.

Perrin : C'est vrai, on ne sait jamais... puisqu'au fond on ne sait pas.

Bilo : Nous risquons de fendre le radeau, et non le ciel.

Caire : Il faut mettre toutes les chances de notre côté. Comme ça, on ne pourra pas nous accuser de ne pas avoir tout essayé. Non, on ne pourra pas nous reprocher... Et Laval... il respire ? Dis oui, Laval, continue.

Laval *(La bouche s'ouvre mécaniquement, puis le son douloureux)* : Oui... oui... oui...

Bilo : C'est l'aube !

Rave : C'est l'aube ! Caire, c'est l'aube !

Bilo : La ration, le vieux.

Rave : Toi aussi, mon Laval, toi aussi tu vas en avoir.

Caire *(sortant la flasque et versant minutieusement)* : Il faut boire avec méthode. Avec toutes les aubes qui nous coulent sur les épaules, nous risquons de vivre encore longtemps.

Bilo : Pas si vite, le bot ! Donne-moi cette ration. C'est pour toi, mon Laval, mais avant, il faut que tu chantes. Montre-nous que nous ne sommes pas en train de nourrir un mort. Alors, chante-nous une chanson.

Perrin : Tu trouves que dire oui ne suffit pas ?

Bilo : Qu'est-ce que c'est, un tout petit oui, à côté d'une chanson ? Quand quelqu'un chante, même si c'est une vieille édentée, le pied dans la tombe, tu ne peux pas te tromper, elle veut vivre le plus longtemps possible. Il faut être certain qu'il veut vivre, sinon c'est du gaspillage.

Rave : Ça va peut-être l'affaiblir ?

Bilo : Chanter donne des forces. Chante, Laval, chante-nous une chanson.

Caire : Maro chantait souvent. Il voulait vivre le plus longtemps possible. Chante, Laval.

Rave : Chante, Laval, montre-leur que tu es vivant.

(Laval chante, mais sans voix. Monte tranquillement une musique. Tous se mettent à chanter. On n'entend aucunement les voix, complètement enterrées par une musique épouvantable)

Fin

Editions Lansman

63, rue Royale B-7141 Carnières-Morlanwelz (Belgique)
Téléphone (32-64) 44 75 11 - Fax/Télécopie (32-64) 44 31 02
E-mail : lansman.promthea@gate71.be

Ciel
**est le cent quatre-vingt troisième ouvrage
publié aux éditions Lansman
et le vingt-huitième
de la collection "Nocturnes Théâtre"**

300 FB - 52 FF
(Toutes taxes comprises)
ISBN 2-87282-182-1

Diffusion et/ou distribution au 1/3/97
Contacter l'éditeur
Vente en librairie et par correspondance

Les éditions Lansman bénéficient du soutien
de la Communauté Française de Belgique
(Direction du Livre et des Lettres),
de l'Asbl Promotion Théâtre et de la

Achevé d'imprimer par l'imprimerie Daune à Morlanwelz
Dépôt légal : mars 1997